D1704637

DER GESUNDE
MENSCHEN
VERSAND

Pedro Lenz

Zärtlechi Zunge

Go und cho
- 8 Baby
- 11 Spüuplatz
- 18 E guete Sohn
- 22 Krokodiiu
- 27 D Schribmaschine
- 31 Go und cho

Meh Nööchi
- 38 E z guete Kolleg
- 44 Bäri
- 50 Tiziana
- 54 Ds ewige Läbe

Öppis derzwüsche
- 62 Durscht
- 68 Bühnekunscht
- 72 E Sach vom Härz
- 78 Parfümerie
- 82 Gloube
- 86 Öppis derzwüsche

Ungerwägs
- 94 Kuba
- 99 Step Step Step
- 110 I bi dä Bueb
- 115 Der Wouf
- 120 Feschte Begriff
- 124 Tunnäu

Go und cho

Baby

(Musik beginnt)

Baby, Baby, Baby, Baby,
Baby, Baby, Baby, Baby,
Baby, Baby, Baby, Baby,
Baby, Baby, Baby, Baby.

Baby, Baby, Baby, Baby,
i fahre dür ds Land und luegen use
und au paar Hundert Meter
hanget es farbigs Schüud
am ne Boum, am ne Huus,
am ne Gländer und Baukon.

Baby, Baby, Baby, Baby,
I fahre dür ds Land und luegen use
und au paar Hundert Meter
isch e Noa, isch e Lea,
isch e Luan, isch e Lena,
isch es chliises Ching gebore.

Baby, Baby, Baby, Baby,
i fahre dür ds Land und luegen use
und au paar Hundert Meter
seit mer öpper, dass sis Ching,
wi sis Ching, wenn sis Ching
und i lises aube gschwing.

Baby, Baby, Baby, Baby,
Baby, Baby, Baby, Baby,
Baby, Baby, Baby, Baby,
Baby, Baby, Baby, Baby.

Baby, Baby, Baby, Baby,
i fahre dür ds Land und luegen use
und au paar Hundert Meter
han i di unverhoffti Glägeheit,
mi über di unbekannti Lia, dä Liam,
dä Milo und di Mila mitzfröie.

Baby, Baby, Baby, Baby,
i fahre dür ds Land und luegen use
und au paar Hundert Meter
chlatschen i innerlech i d Häng
und froge mi, ob ächt di Lara
scho cha schnooggen oder loufe.

Baby, Baby, Baby, Baby,
i fahre dür ds Land und luegen use
und au paar Hundert Meter
frogen i mi, wär dass ächt
aui di Müüsli und Änteli und Hundeli
und Störch het möge baschtle.

Baby, Baby, Baby, Baby,
Baby, Baby, Baby, Baby,

Baby, Baby, Baby, Baby,
Baby, Baby, Baby, Baby.

Baby, Baby, Baby, Baby,
i fahre dür ds Land und luegen use
und au paar Hundert Meter
rächnen i uus, wi aut
dass di Lina, dass dä Lolo
ungerdesse scho isch worde.

Baby, Baby, Baby, Baby,
i fahre dür ds Land und luegen use
und au paar Hundert Meter
stöu i mer d Frog, wi lang
dass me so nes Schüud
im Durchschnitt lot lo hange.

Baby, Baby, Baby, Baby,
i fahre dür ds Land und luegen use
und au paar Hundert Meter
hanget es farbigs Schüud
am ne Boum, am ne Huus,
am ne Gländer und Baukon.

Baby, Baby, Baby, Baby,
Baby, Baby, Baby, Baby,
Baby, Baby, Baby, Baby,
Baby, Baby, Baby, Baby.

Spüuplatz

Töu gö jo mit de Chliine
i dere Johreszit go schiine,
mit de Ching und mit em Schlitte,
ab i d Bärgen i ne Hütte,
Füürli mache, Äscht verhouze,
bis fasch aue Schnee isch gschmouze,
Pischte-Party, Aupeschlager,
Kafi fertig, Ferielager,
Sunne-Crème, Bügulift,
Houptsach furt vom Autags-Gift.

Aber i mache das nid,
nei, ig nid,
ig nid, leider nid,
nei, nid im Früehlig,
im Früehlig gon ig
uf e Spüuplatz,
gon i go luege,
wi si d Rutschbahn uf und ab,
wi si uf em Trampolin uf und ab,
wi ds Ritiseili uf und ab,
wi ds Gigampfi uf und ab,
wi ds Gumpiseili uf und ab,
wi aues zämen uf und ab,
und uf und ab und uf und ab
und uf und ab und uf und ab
und uf und ab und uf und ab

und mis Meiteli uf und ab,
und mini Bueben uf und ab.

Aui Ching gäng uf und ab
und zwüschinen e Mueter,
wo aren angere Mueter seit,
ihre Maa heig äbe grad
der Job gwächslet
und sig jetz no weniger,
sig no säutener deheime.
Und näbe drann
en angeri Mueter,
wo scho wieder schwanger
und derbi heige si doch zersch
unbedingt no wöue zügle,
aber si heig sech gschwore,
nach däm sig jetz würklech
ändgüutig Schluss.
Und chli witer äne
en angeri Mueter,
wo vo ihrem Emil wott wüsse,
worum, worum, worum, worum,
wieso, dass är jetz am chliine
Brüetsch scho wieder eini
poliert heig und ob er ächt
nid eis einzigs Mou,
numen eis einzigs Mou,
einisch chöng lieb si und
der Brüetsch nid brätsche,

me heig doch so mängisch
über das Thema gredt.
Aber dä Bueb lost nümm zue,
springt lachend dervo,
während si chliin Brüetsch
jetz no i d Hose bislet.
Aber han i nid vorhär gfrogt,
ob de no nes Bisi muesch mache,
worum losisch nid,
worum seisch nüt,
wenn i äxtra no froge?

Und de grännet en Elisa.
Und dört stoglet en Elia.
Und vore möögget e Livia.
Und hinge göisset en Anja.

Und es Loufrad putscht
mit Schwung i Chinderwage,
e Sirupfläsche louft uus,
es Papiernastuech luftets dervo,
und es Ching geit d Rutschbahn
uf und ab und uf und ab,
immer wieder uf und ab
und uf und ab und uf und ab
und uf und ab und uf und ab
und uf und ab und uf und ab
und ds Ritiseili geit uf und ab
und ds Gigampfi geit uf und ab

und e Grossmama
muess heile heile Sääge singe,
wöu ds einte Grossching
mit em Trotti uf em Teer
und ds Chnöi derewä ufgschürft
und derbi hets doch
di Grossmama so mängisch,
so mängisch gseit,
het sis so mängisch gseit.
Han i nid gseit,
söusch ufpasse,
söusch nid so schnäu,
söusch brämse?

Und heile heile Sääge,
drü Tag Rääge,
drü Tag Schnee,
aber äbe, me muess haut
lose, was d Grossmama seit
und nei, es git jetz
ke Schläckstängu,
dir chöit no nen Öpfu
oder es Dar-Vida
oder e haubi Riiswaffle,
aber Schläckzüg
gits jetz nümm.

Und dä Emil vo vori
brieschet jetz mit Luscht
sim chliine Brüetsch
ds Sangschüfeli a Chopf,
aber Emil, han i der nid
und wi mängisch muess i der
und i weiss würklech nümm
und mir chöi jo süsch ou hei.

Aber är het mi drum ou,
vorhär het är mi doch ou,
är het aagfange.

I wott gar nüt ghöre,
seit am Emil sini Mueter,
aber derfür ghöre mir angere,
wi jetz es angers Ching
e Schufle vou Sang i ds Gsicht
und d Höufti schlückt
und hueschtet und spöit,
und liislig röchlet,
während ds Ritiseili
uf und ab und uf und ab
und ds Gigampfi
uf und ab und uf und ab
und d Ching bir Rutschbahn
uf und ab und uf und ab
und uf und ab und uf und ab
und uf und ab und uf und ab.

Joel, was stinkt do so?
Joel, was isch das do?
Zeig mou dä Schueh.
Joel, bisch aber nid öppe,
Joel, bisch du würklech,
bisch i ne Hundsdräck,
pfui, nei, wää, Joel,
chasch nid luege,
wo de häresteisch?

Und de uf der Rutschbahn
es ständigs Ufundab und uf und ab,
und uf em Ritiseili
geits uf und ab und uf und ab
und uf und ab und uf und ab
und uf und ab und uf und ab
und apropos Ritiseili:
I wott jetz ou einisch,
du hesch lang chönne,
i ha no nid chönne,
immer darfsch du,
nie darf ig!

Tüet nid chääre,
tüet nid stüürme,
tüet abwächsle,
seit e Vatter
vo sim Handy us,
aber d Ching tüe nid,

wi der Vatter wott,
wächsle nid ab
und immer ds gliiche Ching
geit uf und ab und uf und ab
und uf und ab und uf und ab
und uf und ab und uf und ab.

Spüuplätz si nes ständigs
Ufundab,
aber mängisch,
zieh si eim
fasch numen abe.

E guete Sohn

Am Noah
sigs denn grad rächt gsi,
dass er si Ziviudienscht
aus Hüufspfleger
i däm Autersheim
heig chönne mache.

Är chöngs guet
mit aute Lüt.
Und ussertdäm
heig er eso no grad
i nes nöis Pruefsfäud
chönnen ineluege.

Und trotzdäm sigs
zmingscht am Aafang
nid immer eifach gsi.
Vor auem
mit der Frou Pillard,
wo der Noah jedes Mou
mit ihrem eigete Sohn
heig verwächslet.

«Jööö, Alain,
das isch aber de schön,
dass du mi hütt wieder
chunnsch cho bsueche!»,

heig d Frou Pillard
am Noah
jede Morge gseit.

Zersch sigs am Noah
rächt unaagnähm gsi.
Är sig doch der Hüufspfleger,
ihre Sohn sig en angere,
är heissi Noah,
nid Alain,
heig er aube gseit.

Aber d Frou Pillard
heig sech nid lo drusbringe,
heig sini Iiwänd ignoriert.
Für si sig der Noah
eifach immer ihre Sohn,
der Alain, gsi.

De heig der Noah mou
mit der Abteiligsleitere gredt:

Dir, d Frou Pillard,
die vom zwöite Stock,
di meint jedes Mou,
wenn si mi gseht,
i sig ihre Sohn, der Alain.
I chan eres nid usrede.
Was söu i mache?

Nüt, är söu nüt mache,
heig d Abteiligsleitere gseit.
Di Frou Pillard
heig eifach
chli nes Gnuusch im Chopf,
das sig autersbedingt.
Und es bringi nüt,
se jedes Mou z korrigiere.

«Wenn si meint,
dir siget ihre Sohn,
de löt sen eifach i däm Gloube.
Es macht se glücklech
und öich muess es nid störe.»

Okay,
heig der Noah ddänkt.
De spilen i das Spüu
vo jetz aa eifach mit.

Und jedes Mou,
wenn d Frou Pillard
wieder heigi gseit:
«Jööö Alain,
das isch aber de schön,
dass du mi
chunnsch cho bsueche!»,
heig är gseit,
«Es fröit mi äbefaus, Mueter.»

Der Noah heig sech a di Roue
vom Sohn Alain aafo gwöhne.
Und einisch
heig er zur Frou Pillard gseit:
Weisch Mueter,
es isch eifach e Fröid,
dass du mi gäng grad
sofort kennsch.

Do heig d Frou Pillard
e Momänt lang
unsicher umegluegt,
de heig si zum Noah gseit:

«Aber Alain,
das wär jo no der Bescht,
wenn i mi eiget Bueb
plötzlech nümm würd kenne.»

Krokodiiu

Z Spanie seit me
dere Täggschtsorte
Cocodrilo,
auso «Krokodiiu».

Der Begriff
chunnt vom Wort
Krokodiiusträne.

«Krokodiiu»
«Krokodiiu»
«Krokodiiu»
«Krokodiiu»
«Krokodiiu»

Gmeint si Nachrüef
uf berüehmti Persone,
wo me scho uf Resärve
het möge schriibe
und wo me de nächär
im Bedarfsfau
eifach us der Schublade
cha usezieh.

Einisch, vor Johre,
won i für ne Zitig
ha gschaffet,

isch uf der Redaktion
nid eso vüu los gsi.

De hei si mer gseit,
i söu doch afe der eint
oder anger Nachruef
uf Resärve schriibe.

«Krokodiiu»
«Krokodiiu»
«Krokodiiu»
«Krokodiiu»
«Krokodiiu»

I ha zersch nid gwüsst,
wi ni das söu verstoh.
Si hei mers erklärt
und hei mer gseit,
i chöng mer jo vilecht
afe mou überlegge,
weli berüehmte
Schwizer Persönlechkeite
us der Glamour-
und Kulturszene
dass glii chönnte stärbe.

De söu i di einti
oder angeri vo dene
Persönlechkeiten useläse

und afen uf Vorrot
e schöne Nachruef schriibe.

Wenn de tatsächlech
di entsprächendi
Todesnachricht chiem,
chöng me no ganz churz
di letschte Detail
vom Abläben ergänze
und scho sig der Nachruef
fertig für i Druck.

«Krokodiiu»
«Krokodiiu»
«Krokodiiu»
«Krokodiiu»
«Krokodiiu»

Mi het das komisch dünkt,
aber was han i wöue mache?

I ha de mou e Schriftstöuer,
wo chli schlächt het usgseh
und wo nümm der Jüngscht
und vom Läbeswandu här
ou nid der Gsüngscht
isch gsi, usegläse
und e wunderbare,
iifüeusame

Nachruef vou Wehmuet
und Pathos gschribe.

I de nöchschte Wuche
und Monet isch do
und dörte d Mäudig
vom ne Todesfau
ir Literaturwäut cho.

Der eint
isch überraschend
are böse Chrankheit gstorbe.
Der anger
isch eifach
sim höchen Auter erläge.
Nume dä, won ig scho lang
schriftlech ha verewiget gha,
dä het gäng no gläbt.

«Krokodiiu»
«Krokodiiu»
«Krokodiiu»
«Krokodiiu»
«Krokodiiu»

Är läbt no hüt
und mi dünkts fasch,
är gsäch gäng besser us.

Jedes Mou,
wenn i nim nöime begägne,
han i es schlächts Gwüsse
und de frogen i mi,
ob i nim ächt sött biichte,
dass i si Nachruef
scho lang ha gschribe.

Aber i ha mi nid derfür
und säge lieber nüt
und tröschte mi
bim Gedanke,
dass är vilecht für mi
ou scho so ne Nekrolog
het vorbereitet,
wöu er vilecht
ou scho mou
der Iidruck het gha,
i gsäch irgendwie
chli chränkelig us.

D Schribmaschine

Im Johr 1964,
won er zähjährig isch gsi,
isch der Ali, en irakische Bueb,
irgendwo im Zwöistromland
mit sim Vatter go fische.

Der Ali
het mit sire Fischruete
en auti Schribmaschine
us em Wasser use zoge.

En auti Schribmaschine, e Schribmaschine,
e Schribmaschine, e Schribmaschine,
e Schribmaschine, e Schribmaschine.

Der Vatter het di Schribmaschine
deheime pputzt und ggöölet
und der Ali het sech säuber biibbrocht,
uf dere Schribmaschine z schriibe.

En auti Schribmaschine, e Schribmaschine,
e Schribmaschine, e Schribmaschine,
e Schribmaschine, e Schribmaschine.

Im Johr 1968,
wo der Ali vierzähni isch gsi,

isch er z Bagdad aus Botegänger
im ne grosse Büro go schaffe.

Är het müesse Briefen ablifere
oder Sandwich go reiche,
bis öpper gmerkt het,
wi guet und genau und wi schnäu,
dass er cha schribmaschinele.

Vo däm Tag aa
isch der Ali Stenotypischt gsi
uf ere aute Schribmaschine.

En auti Schribmaschine, e Schribmaschine,
e Schribmaschine, e Schribmaschine,
e Schribmaschine, e Schribmaschine.

Im Johr 1974,
wo der Ali e Maa isch gsi
und sit mängem Johr
aus höch gschetzte Stenotypischt
a sire Schribmaschine het gschaffet,
isch er aus Füsilier
i di irakischi Armee iizoge worde.

Si si ne Zug vo luter Nöilinge gsi
und hei militärisch gseh
vo nüt en Ahnig gha.

Vor ihrem erschte Kampfiisatz
em ne schlächt plaaneten Aagriff
uf nes kurdisches Dorf
si zwöiezwänzg Maa
mit Chnöischlotteri
uf em ne Laschtwage ghocket.

Bevor si zum Kampf si losgfahre,
het der Kommandant gfrogt,
ob ächt allefaus eine
vo dene zwöiezwänzg Füsiliere
chöng Schribmaschine schriibe.

En auti Schribmaschine, e Schribmaschine,
e Schribmaschine, e Schribmaschine,
e Schribmaschine, e Schribmaschine.

Der Ali het sech gmäudet.
Si hei nim befohle,
abem Laschtwagen abzstiige
und sech sofort aus Büroordonnanz
zur Verfüegig z stöue.

Am Oobe
het der Ali
uf der Schribmaschinen
e Lischte müessen erstöue
vo dene Füsilier, wo a däm Tag
im Kampfiisatz si gfaue.

Es si einezwänzg Näme
uf dere Lischte gstange,
der ganz Zug vom Ali,
jeden einzu tot,
jede
ussert der Ali.

Der Ali
het überläbt,
dank
deren aute Schribmaschine.

En auti Schribmaschine, e Schribmaschine,
e Schribmaschine, e Schribmaschine,
e Schribmaschine, e Schribmaschine.

Go und cho

I bi derbi gsi,
wo d Öutere si gstorbe
und i bi derbi gsi,
wo d Ching uf d Wäut si cho.

Das sige di Momänte,
wo me nie meh vergisst,
hei mer d Lüt aube gseit,
bevor dass is säuber
ha chönne wüsse.

Es stimmt,
me vergissts nid,
das heisst,
e chli vergisst mes scho,
und ussertdäm
macht me mit der Zit
es Dürenang
mit dene Geburte
und dene Todesfäu
und au dene vile Date.

Go isch chli wi cho
und cho isch chli wi go.
Zum go und zum cho
söttsch chönne lo go,
s isch liechter eso.

Nid, dass es süsch nid gieng,
me cha ou ohni z wöue
uf d Wäut cho und klar,
der Tod chunnt ou zu dene,
wo sech gäg ne sperre.

Trotzdäm isch es
offesichtlech eifacher,
wenn di nid au zu fescht
feschthäbsch a däm,
wo no grad isch gsi,
wöu zletscht
si Läben und Tod
stercher aus aues,
wo der säuber vornimmsch.

Wo der Vatter isch gstorbe,
hei mer über ds Wätter gredt,
är het drum der Iidruck gha,
der Räge chöm früecher,
aus dä vom Wätter het gmeint,
är gspüris im einte Chnöi,
het er denn gseit,
das Chnöi sig zueverlässiger
aus jede Barometer,
aber jetz
bruuch ers jo de nümm.

Wo d Mueter isch gstorbe,
hei mer über d Öpfu gredt,
si het drum di Öpfu gärn gha,
wo ender chli suur si,
aber im Lade hets a däm Tag
genau die nümm gha.

Si het mi de gfrogt,
ob i am Tag druf
no einisch chöng go luege,
ob di suure sige cho.

Jo klar, sowieso,
i go, i go, i go,
i nime ds Velo
und go no mou go luege,
he jo, i go.

Go isch chli wi cho
und cho isch chli wi go.
Zum go und zum cho
söttsch chönne lo go,
s isch liechter eso.

Wo der eint Bueb
isch uf d Wäut cho,
het er d Ougen offe gha
und i vergisse nie dä Blick,

wo chli usgseh het,
wi wenn er hätt wöue säge:

«Was weiter vo mir?»

E Blick, wo het usgseh,
wi wenn er würd säge:

«Worum heiter mi nid
no nes Momäntli oder zwöi
ar Wärmi chönne lo warte,
dir ungeduudige Lööle?»

Aber vilecht isch es ou
der normau Blick vo dene,
wo vo eire Wäut i di angeri,
i meine der Blick vom Übergang,
der Blick vom Ougeblick,
wo me versuecht z verstoh,
was unverständlech isch.

D Mueter zum Bischpüu
het ganz ruhig gschnuufet
und nächär hurti öppis
wi ne chliinen Ussetzer
und scho isch si dääne gsi.

D Öpfu het de
niemer meh ggässe.

Go isch chli wi cho
und cho isch chli wi go.
Zum go und zum cho
söttsch chönne lo go,
s isch liechter eso,
s isch eifacher so.

Meh Nööchi

E z guete Kolleg

Am Aafang sigs nüt angers
aus eifach e guete Kolleg gsi,
heig d Mirjam a däm Morge
ir Chuchi am Jonas gseit und är,
der Jonas, heig vor Zitig ufgluegt,
är sig bim erschte Kafi ghocket
und heig sech dört aafo froge,
was si mit däm jetz wöu säge.
Är heig sech gfrogt, wo genau
dass ihri Aasag ächt härefüehri,
wöu wenns am Aafang nüt
aus e guete Kolleg sig gsi,
de heiss jo das nüt angers,
aus dass dä guet Kolleg äuä
ungerdesse möglecherwiis
öppis meh aus das sig worde.
Das chöng jo nume heisse,
dass er jetz öppis angers sig
und dass der Jonas wäge däm
wahrschiinlech i däm Momänt
müess erfahre, dass d Mirjam
entweder scho öppis heig gha
mit däm ehemaus guete Kolleg
oder druff und dranne sig,
e Seich z mache, während är,
der Jonas, aube gmeint heig gha,
so öppis passieri im Versteckte,

aber si wüss haut eifach nid,
wi lang dass es bi däm bliibi,
wöu si sech gäng wi meh
nach dere nöie Nööchi sehni,
wo si nume bi däm Kolleg
und bim Jonas gäng wi weniger,
wöu ihri Beziehig zwar okay,
aber äbe leider, leider nid meh,
und fasch aues sig zur Routine
und zum nen Autag worde,
em nen Abspuele vo Pflichte,
was ihren eifach nümm längi,
was si jetz grad am merke sig,
sit si das mit däm Kolleg gspüüri.
Und der Jonas heig aagfange
Angscht übercho und sig de
nümm sicher gsi, ob jetz scho
aues verloren oder ob si
nim numen e Weckruef
oder e Warnig wöu vermittle.
Und de heig er aafo dänke,
dass es für ne Weckruef nid
unbedingt e söttigi Gschicht
hätt bruucht, und dass är
sini Mirjam würklech gärn,
und är sig gar nid bsitzergriifend
und wöu jetz ou nid düredräije.
Aber wenn er sech überlegi,
wis nim no grad vor föif Minute

und wis nim jetze gieng,
de heig er doch der Iidruck,
dass nim dä Kolleg vor Mirjam,
dä geduudig, gspürig Zuehörer,
scho jetze zimlech fescht
uf e Sänku gieng, und är, der Jonas,
sig aues angeren aus sicher,
obs ächt würklech besser sig,
am Gägenüber e Sitesprung
quasi uf Resärve z biichte,
auso bevor er vouzoge sig,
so wi sis jetz hie grad machi,
oder doch erscht im Hingerdri.
Der Schmärz sig jo der gliich,
nume sigs no vüu schlimmer,
wenn mes scho vorhär erfahri,
wöu men am angere nümm
richtig bös chöng si und wöu me
der Vorwurf nümm chöng mache,
me sig muetwüuig tüüscht worde
und ohni ds Rächt uf dä Vorwurf,
auso ohni di moralischi Empörig,
sig der Umgang mit Iiversucht
nume no vüu schwärer und vüu
komplizierter aus normalerwiis,
wo men eifach chöng stämpfele
und lut im Züg umemööggen
und sehr enttüüscht chöng tue
und am Gägenüber chöng säge,

dass me de scho erwartet hätt,
vorhär öppis z erfahren und nid
erscht denn, wenns passiert sig.

Bäri

Jetz het mer doch die
scho wieder aaglütte.

Gseh ha se no nie,
aber es isch e Nätti,
si het en aagnähmi Stimm
und si isch meischtens
rächt guet druffe.

Si grüesst immer
sehr überschwänglech,
seit, wi gärn dass si mi het
und wi fescht
dass si mi vermisst,
und foht de meischtens
grad aa verzöue.

Si verzöut
vo auem Mögleche,
zum Bischpüu
vo de Baukonpflanze
und vor Büez im Büro,
vor Arbetskollegin,
vor Kafipouse
und mängisch
ou vo de Meersöili.

Zwüschine lachet si
ab ihrnen eigete Sätz,
ab ihrnen eigete Gedanke,
und si seit di ganzi Zit
nume Bäri zuemer.

Verschteisch, Bäri?
Was meinsch, Bäri?
Chunnsch drus, Bäri?
Fingsch nid ou, Bäri?
Säg säuber, Bäri!

Bim letschte Mou,
wo si het aaglütte,
het si no öppis
vo ihrem Chef verzöut:

«Säg einisch, Bäri,
söu i nims jetz sägen
oder nid?
Irgendeinisch
muess i nims jo säge,
i meine,
wägem Lohn.
Oder säg Bäri,
meinsch
es wär besser,
wenn i no warte,
bis er vo sich us?»

Aber das Mou,
das Mou
het si nüt vom Chef gseit.
Das Mou het si zersch
vore Bettina verzöut,
und dass di Bettina
eifach ds Gfüeu heig,
si wüss immer
aues besser.

Nächär
het si wöue wüsse,
ob i se vom Fitness
chöng cho abhole,
oder ob i wieder
länger müess schaffe.

Weisch Bäri,
uf di sächse wär super,
de chönnte mer vilecht no
bim Alessandro oder so
e Pizza go näh.

Nach em Fitness
han i immer so Hunger.
Aber gäu Bäri,
wenns der nid längt,
chasch mer süsch ou
eifach es SMS mache.

Es macht mer jedes Mou
chli weh,
wenn i se muess enttüüsche.

I sig nid der Bäri,
es tüeg mer leid,
sägen i de zum Bischpüu.

Oder süsch sägen i eifach,
si heig sech wahrschiinlech
wieder verwäuht.

De ischs ere aube
niene meh rächt.

Ou, Dir, excüse,
das isch mer piinlech,
i muess äuä scho wieder
di hingerschte beide Zahle
verwächslet ha.

Es sig scho guet,
kes Problem,
sägen i de meischtens,
si müess sech nid entschuudige,
so öppis chöng vorcho.

Aber letscht Mou
han i trotzdäm gfrogt,

worum dass si eigetlech
di Nummere vo däm Bäri
nid eifach chöng spichere,
de wär das Problem
vo de beide
hingerschte Ziffere
für immer glöst.

Der Bäri sig äbe,
auso das sig chli schwär
zum erkläre,
seit si uf das abe,
si heig eifach Angscht,
dass ihre Maa einisch
uf ihres Display chönnt luege,
wenn der Bäri grad aalüttet,
und dass der Maa de dörte
ds Wort «Bäri» chönnt läse
und eso chönnt merke,
was los sig.

Drum sigs ere lieber,
es erschiini nume
eifach e Nummere,
und wäge däm
tüeg si am Bäri
sini Nummere
immer ganz iitippe,
aber äbe,

es tüeg ere würklech leid,
jetz heig si äuä scho wieder
di hingerschte beide
Zahle vertuuschet.

Sig scho guet,
han i wieder gseit,
sig scho guet,
das chöng würklech
jedem passiere,
ou wenn i für mi
öppis ganz angers dänke.

I dänken nämlech,
es chöng vilecht
scho jedem passiere,
dass men einisch
oder zwöi Mou
di hingerschte
beide Zahle verwächslet
und statt däm Bäri
nächär zum Bischpüu
mir aalüttet.

Aber dass es sit Wuche
fasch jede Tag vorchunnt,
das sött de eigetlech
gliich nid passiere.

Tiziana

Am Lago di Como,
am Zäutplatz am See,
im Camping Paradiso,
luegt d Tiziana zum Züg.

Sit über zwänzg Johr,
sit über zwänzg Johr,
sit über zwänzg Johr
luegt d Tiziana zum Züg.

Sit zwänzg Johr
isch d Tiziana
jede Summer die,
wo zu auem luegt,
wo zu aune luegt,
wo gäng druf luegt,
dass überau gluegt isch.

Ciao Tiziana,
schöni Tiziana.
Hesch mer ächt no?
Chasch mer ächt no?
Tuesch mer ächt no?
Wotsch mer ächt no?
Bis so guet,
bis so lieb, Tiziana!

Prego, grazie, merci,
da niente,
altrettanto,
sit über zwänzg Johr,
sit über zwänzg Johr,
sit über zwänzg Johr,
jede Summer,
für jeden und aues,
nume nie für sich,
di gueti Tiziana.

Sit über zwänzg Johr,
sit über zwänzg Johr,
sit über zwänzg Johr,
sit zwänzg Johr,
isch d Tiziana
di Liebschti vom Platz,
di Beschti vom Platz,
d Seeu vom Camping,
am Ufer vom See.

D Tiziana wird nid öuter,
d Tiziana blibt gäng gliich,
schön sit immer und
schön für immer.

Verdräjht mängem hie,
ohni z wöue der Chopf,
ohni dass sis merkt,

ohni dass sis wott,
ohni dass öppis passiert.

Aber sit däm Momänt,
sit denn dä Frömd,
sit denn dä Musikant,
sit denn dä Gitarrischt,
sit dä denn für d Tiziana
das Lied het gspüut,
i dere Nacht am See,
isch gar nüt meh,
isch nüt meh, wis isch gsi.

D Tiziana planget jetz,
d Tiziana hoffet jetz,
d Tiziana gspürt jetz Züg,
wo si no nie het gspürt.

D Tiziana
isch nümm bir Sach,
sit dä Musiker denn,
sit dä Musiker dört,
churz am See isch gsi
und wieder ggangen isch.

Tiziana, Tiziana,
vergiss dä Typ,
vergiss nen eifach,
dä isch nid für di,

dä isch nüt für di,
Tiziana.

Dä Typ spüut doch
immer und überau
für irgendeini,
dä isch jo sicher
scho längschtens wieder
über aui Bärgen und spüut
ire angere Nacht,
am nen angere Strand,
für nen angeri Frou
ganz en angere Song.

Isch i Gedanken und
ou süsch längschtens
wit, wit, wit wägg
und spüut scho lang
am nen angere Strand,
für nen angeri Frou
ganz en angere Song.

Tiziana, liebi Tiziana,
tue doch eifach,
wi wenns dä Typ,
wi wenns di Nacht,
wi wenns das Füür
nie hätt ggä.

Ds ewige Läbe

Är vergässi aus Mögleche.
Är vergässi ds eigete Stärnzeiche.
Är vergässi der Name vom Hung.
Är vergässi der Wuchetag.
Är vergässi der Hochzitstag.
Är vergässi d Kartonsammlig.
Är vergässi der Arzttermin.
Är vergässi d Abstimmige.
Är vergässi d Medikamänt.
Är vergässi sehr vüu Züg
mit ere gwüsse Gliichgüutigkeit,
mit ere gwüsse Liechtigkeit,
vergäss er Züg, won er wöu
und hüfig ou Züg,
won er nid wöu vergässe.

Aber ds erschte Müntschi,
ds auererschte Mou
e richtige Zungekuss,
das vergäss er nie.

Nei, är vergässi nie,
vergässi ganz sicher nie,
das Bänkli i däm Park,
das graublaue Bänkli
mit em iibbrönnte Gmeindswappe,
ds gäubleche Liecht

vo dere Latärne,
wo z Nacht düre Näbu
bis a Bode heig zündet,
und är vergässi nie,
wi sechs aagfüeut heig,
zum erschte Mou im Läbe,
e frömdi Zungen im Muu z ha
und sini eigeti Zunge
a ihrne Zäng, a ihrem Goume,
i ihrem Muu,
i ihren inne,
und beidi Zunge zäme,
wi si zunang grütscht,
wi si umenang ume züngelet,
anang aagstosse
und inang verschmouze,
ihri Zunge zmitts i ihm,
sini Zunge zmitts i ihre,
eifach Zungen a Zunge,
e Wahnsinn sig das gsi,
e totale Wahnsinn,
öppis wi Zouberei,
dä zärtlech Zungetanz,
en unbeschriiblechi Entdeckig,
es unändlechs Glücksgfüeu,
dä erscht Zungekuss denn
mit dere vor Paraklass,
wo genau der gliich Vorname
wi sini einti Tante heig gha,

e Vorname, wo nim
wäge däm scho
vertrout sig vorcho,
wi nim überhoupt fasch aues
vertrout und liecht sig vorcho
a ihrem Wäsen und ihrem
frohe, summersprossige Gsicht,
mit dene grüenen Ouge,
Ouge, won er auerdings
bim erschte Zungekuss
gar nid heig gseh,
wöu beid zäme meischtens
d Ouge zue heige gha.

Si heig ihm der Iidruck ggä,
si wöug nie meh furt,
si wöug ou nie meh ufhöre,
si wöug ihri Zunge nie meh
us sim Muu use näh
so win är sini Zunge
nie meh us ihrem Muu,
und mängisch sige ne no
vor luter Herrje
d Nasen i Wäg cho,
heige si müesse beachte,
dass beidi ihri Gsichter
uf ei Site schräg heige,
dass d Lippe guet ufnang,
dass d Zunge guet zunang,

und nid vergässe z schnuufe,
und är vergäss nie meh,
wi sechs heig aafgüeut,
vergäss nie meh,
was es mit nim heig gmacht,
won er de hingäge
süsch würkles fasch aues
us dene Jugendjohr
scho lang heig vergässe,
ömu was d Detail aagöng,
was d Farbe, d Grüch,
ds Liecht, der Sound
und d Tämperatur beträffi.

Aus zämen us dere Zit
sig, wenn überhoupt,
scho lang nume no
hinger em Dunscht,
vor vergangene Zit,
unscharf, undüttlech,
ungnau, unklar, unvertont
und unbelüüchtet vorhande,
praktisch aues wäg,
ussert äbe dä Zungekuss,
dä auererscht i sim Läbe,
dä Momänt, dä blibi,
dä blibi biblisch,
büudhaft gredt,
dä blibi eifach feschtbrönnt

i siren Erinnerig,
unlöschbar i sire Feschtplatte,
wi d Stimm vo ihre denn,
wo si nim liislig,
aber iidringlech gseit heig,
si wünsch sech ganz fescht,
dass es nie meh ufhöri.

Wieso dass es einisch
gliich no heig ufghört,
wüss er hütt ou nümm,
aber es heig ufghört,
är wüss nid wenn und wie,
aber es müess irgendeinisch
ufghört ha a däm Oobe
uf dere Parkbank,
und die vor Paraklass,
wo der gliich Name heig
wi sini Tanten und so grüeni,
lüchtigi Ouge wi ne Chatz,
di sig mit em Velo heigfahre,
di heig er wenig spöter
nach der Schueuzit
us den Ouge verlore,
was einersits schad sig,
aber gliichzitig äben ou
gar nid so schlimm,
wöu di klari Erinnerig
a dä erscht Zungekuss

so presänt und so schön sig,
dass er se gar nie für immer
us den Ouge chöng verlüüre.

Di Erinnerig ghör ihm,
ghör zum Schönschte,
ghör zum Wärtvouschte,
won er mit sech trägi,
d Erinnerig a dä erscht Kuss,
wo nim jederzit
und für immer
en Ahnig gäb,
vom ewige Glück,
vom ewige Läbe.

Öppis derzwüsche

Durscht

Bschtöu für beidi bissoguet,
bschtöu bitte für beidi,
het der Gere denn gseit,
und är heig wieder Durscht,
aber Durscht het er gäng gha,
der Gere het immer Durscht
und jede het grad gwüsst
oder gmerkt,
wo dä Oobe no cha härefüehre,
und aui hei glii vermuetet
oder gseh,
dass es äuä gschider wär,
wenn er nüt meh überchiem,
wenn er hei gieng i ds Näscht,
wenn nen öpper würd begleite,
wenn nim öpper würd häufe,
wenn nim öpper würd säge,
är miech sech ke Gfauen eso,
aber ussert ihm het denn dört
niemer öppis gseit oder gmacht.
Und är het wieder ds Gliiche gseit,
wi jo der Mönsch überhoupt
derzue tändiert, immer wieder
ungefähr ds gliiche Züg z säge,
won er scho mängisch gseit het,
wi zum Bischpüu dä Befäuhssatz:
Bschtöu für beidi bissoguet,

bschtöu bitte für beidi,
und hingernoche no der Zuesatz,
är heig drum Durscht, und auso
han i denn für beidi bschtöut,
zwöi Grossi und zwöi Schnäps,
und churz drüber nochedänkt,
was mi derzue verpflichtet,
säuber söttigi Mängine z näh,
nume wöu der Gere grad wott,
dass i ne i sim Durscht begleite.
Aber wi gseit, i ha bschtöut,
und mir hei trunken und gredt,
und är het wieder di Linie,
di unsichtbari, fiini Limite,
di Gränzlinien überschritte,
wo di soziau Unuffäuige,
vo de soziau Uffäuige trennt,
und der Gere het di Linie
spötischtens dört überschritte,
won er am ne Typ am Näbetisch
het gseit, är dörf sech vo dere
Frou vis-à-vis nid aues lo biete,
är heig jetz es Zitli zueglost
und es sig jo meh aus nume krass,
was di Frou sech aues usenähm,
und är wüss zwar nid emou,
het er zu däm Frömde gseit,
ob das sini Frou sig oder nume
sini Begleiterin oder so,

und är wüss natürlech säuber,
dass es ihn genau gluegt eigetlech
würklech sehr wenig aagieng,
aber wöu er jetz es Zitli lang
unfreiwüuig heig mitglost,
müess er doch ou sini Meinig,
müess er doch ou sini Verwungerig,
müess er doch ou sini Bedänke,
müess er doch ou sis Erstuune,
und wenn ihm e Frou einisch
eso oder ähnlech würd verbicho,
het der Gere däm Typ gseit,
de würd är grad ufstoh und go
und zwar für immer go,
wöu das sig i som ne Fau
ds einzige vernünftige Verhaute,
aber klar, är wüssis scho,
mängisch hangi me so fescht
are längscht kabutte Beziehig,
sig me so gfange vore Beziehig,
dass me gar nümm merki,
wi me zur Sou gmacht wärdi.
I ha gloub denn verstange,
was der Gere gmeint het,
aber wo di Frou am Näbetisch
das aues ghört het gha,
het si zum Geren übere gruefe,
si müess sech das Macho-Gliir
nümm länger aalosen und

si liess der Wirt lo cho,
dass er ne grad sofort usestöui,
und i ha versuecht z vermittle,
mi Kolleg sig äbe nid so zwäg,
är meinis doch gar nid eso
und si dörfis joo nid öppe
au zu persönlech wöue näh.
Wi sis de süsch söu näh,
het si gfrogt und i ha gseh,
dass si no guet usgseht,
mit vüu Füür im Blick und so,
ou wenn das natürlech
i dere Situation niemerem
öppis het ghoufen, und si
het der Gere genau aagluegt
und är het si Schnaps
scho fasch wieder läär gha
und het gseit, är heig jo
gar nid zu ihre gredt,
sondern zu ihrem Begleiter,
wo ganz offesichtlech
e zimlech en arme Siech sig,
dass er sech vo ihre do
söttigi Sätz müess lo gfaue.
Und jetz het dä Begleiter
ändlech ou öppis wöue säge,
aber si het ne mit ere Geste,
wo äuä hätt söue säge,
är söu nüt säge, si redi,

mit sore resolute Geste,
het si ne gmacht z schwige,
no bevor dass dä Begleiter
ou öppis zu däm Gspräch
hätt chönne biiträgen, und ig,
i ha mer di ganzi Zit überleit,
wi nis chönnt iifädle,
dass mer trotz auem
e haubwägs suberen Abgang,
aber de het der Gere grad gseit,
är heig wahnsinnig Durscht
und wenn dä Durscht nid wär,
de wär vilecht aues eifacher,
und zmingscht die Erkenntnis
han i so chönne lo stoh
und ha gseit, mir gönge jetz,
mir göngen i ds Bahnhöfli,
das heig hütt länger offen, und
ha für beidi zauht und ghoffet,
är miech ke Skandau meh,
und tatsächlech isch er mitcho,
mit churze, sorgfäutige Schrittli,
konzentriert, wi wenn loufe
e sehr e schwirige Vorgang wär,
aber är isch mit mer cho,
und i ha ne ganz weneli gstützt
und mir si i ds Bahnhöfli ghocket
und i ha nim guet zuegredt
und ha nim no chli abglost

und ha ou chli Verständnis gha
und ha denn dört für mi ddänkt,
dass es guet und vernünftig wär,
wenn der Gere mou ändlech
e konschtruktiveren Umgang
mit sim Durscht chönnt finge.

Bühnekunscht

Wo d Schneeflocke langsam
z Bode si,
isch der Robi fasch e chli
nostalgisch worde.

Ir zwöite Klass,
bir Frou Horrisbärger,
heig är einisch
im Schueutheater
es Schneeflöckli müesse spiele.

Das Schneeflöckli denn
sig der Aafang gsi
vo sire Theaterloufbahn.

«Aha, sehr interessant»,
han i gseit,
«Reschpäkt, Reschpäkt!
Es Schneeflöckli!»
Das sig sicher nid
eso eifach z spile.
Das dörf er ohni witeres
aus Vertrouensbewiis
vor Lehrerschaft aaluege,
dass usgrächnet ihm
so ne schwirigi Roue
sig aavertrouet worde.

I söu mi nid luschtig mache,
het der Robi gseit.

I miech mi überhoupt nid luschtig.
I wüss, vo was dass i redi.
I heig sinerzit im Schueutheater
es Granium müesse spiele.

«Du? Es Granium?»,
het der Robi gseit
und het dört grad
öppis wöue zünde,
aber ig,
i ha nen ungerbroche:

Är müess nid grinse.
Das sig de im Fau
e brutali Useforderig gsi,
sehr wahrschiinlech sogar
die grösseri Useforderig
aus es Schneeflöckli.

Är söu sechs einisch
genau überlegge.
Es Schneeflöckli
chöng wenigschtens
no chli tanze,
aber es Granium,
das chöng uf der Bühni

gar nüt mache.
Aus Granium müess me
der ganz Oobe lang
stüu stoh und trotzdäm
d Spannig ufrächthaute.

«Versuech einisch uf der Bühni
am ne Granium
en eigeti Persönlechkeit z gä!
Versuech einisch,
ds versteckte Granium i dir inne
a d Oberflächi z hole!
Do muesch d Finessen useschaffe.
Sorry, aber gäg nes Granium
isch es Schneeflöckli Lusbuebezüg.»

Der Robi het mini Bemerkige
nid wöuen akzeptiere.
I heig kei Ahnig vo däm Thema.
Schneeflöckli
sige wäsentlech schwiriger
aus Granium.

Über d Schneeflöckli-Darstöuig
im zitgenössische Schueutheater
chönnt me Büecher schriibe,
het er gseit.
Do chöng ig aus Granium
nume no zämepacke.

Genau das
han i de ou gmacht,
ha mini Sache packt
und bi gschobe.

He jo,
i has doch nid nötig,
mir vo soren ufbloosne,
schlächt erhautne Schneeflocke
öffetlech d Levite lo z läse.

E Sach vom Härz

Chürzlech bin i wieder mou
bim Dokter gsi,
auso im Wartzimmer,
wott i säge.

Bi vüu z früech häre,
ha lang müesse warte.

Zersch han i nüt gmacht.
De han i mou aagfange
di Heftli aaluege,
i meine do di Heftli,
wo men eigetlech
nume genau dört,
wo men eigetlech
numen im Wartzimmer
vom Dokter oder süsch
auefaus im Wartzimmer
vom ne Zahnarzt
oder süsch höchschtens no
bim Coiffeur aaluegt.

De isch i eim vo dene Heftli
dä Pricht dinne gsi,
wos um Organspänd isch ggange.

Und won i das ha gläse,
isch mer wieder einisch
di Gschicht i Sinn cho,
e Gschicht, wo mer einisch
der Röbu het verzöut.

Der Röbu het e Schwoger
und dä, auso nid der Röbu,
sondern äbe si Schwoger,
dä sig z Amerika äne
en erfougriiche Härzchirurg.

Das sig nid wi do,
dört z Amerika,
het der Röbu betont,
wöu dohie ir Schwiz,
do dänk me jo ender
regionau und wäge däm
heigs bi üs übers Land verteilt
verschiedeni Härzzäntre.

Aber z Amerika äne
gäbs mängisch zum Bischpüu
für 20 Millione Patiänte
nume grad genau
eis einzigs Härzzäntrum,
derfür es ganz es riesegrosses,
wo me nächär der ganz Tag
Härztransplantatione miech.

Das heig der gross Vortöu,
het mer der Röbu denn erklärt,
dass meh oder weniger aui
amerikanische Härzchirurge
sehr vüu Routine heige,
wöu si äbe Tag ii Tag uus,
vom Morge bis am Oobe,
nume Härz inen und use nähmi
und Härz reparieri.

Und einisch,
es sig im Summer gsi,
heige si de i däm Zäntrum,
wo am Röbu si Schwoger
aus Härzchirurg schaffet
irgendwo im Staat Texas,
es Opfer vore Schiesserei
mit Blauliecht iigliferet.

Es sig e Schwarze gsi,
e junge, chräftige Maa,
und dä sig hirntot gsi,
aber ds Härz sig no ggange,
ds Härz heig no pumpet,
ds Härz sig no guet gsi,
ds Härz heigi no
tipptopp funktioniert.

Das sig natürlech
meh aus furchtbar gsi
für dä jung Maa denn,
es unschuudigs Opfer
vo sinnloser Gwaut,
e Tragödie für di ganzi Familie.

Aber derfür es Glück
für öpper angers,
es Glück für ne Härzpatiänt,
wo scho sehr lang
uf so nes Spänderhärz
heigi gwartet gha.

De heig me dä grad lo cho,
dä Härzpatiänt, e Maa
öppis über sächzgi,
e Wisse, e Lokaupolitiker,
wo süsch im Läbe
zimlech vüu Vorurteil
gäge farbigi Lüt heig gha,
wo aber denn natürlech nid
heig chönne wüsse,
dass das Spänderhärz,
wo uf ihn gwartet heig,
vom ne junge, hirntote
Afroamerikaner sig gsi.

Guet auso, dä Chirurg,
am Röbu si Schwoger,
dä heig de das Härz
am Opfer vor Schiesserei
sorgfäutig usenoperiert und
ungerdesse heig en angere,
e zwöite Härzchirurg,
der Härzpatiänt parat gmacht.

De heige si däm öutere Maa
das junge, guete, starche Härz
fachgrächt inenoperiert.

Sig aus guet ggange,
kener Komplikatione,
ke Infekt, gar nüt,
und däm Maa
däm sigs glii guet ggange,
dä heig de sogar wieder
es einigermasse normaus
Läbe chönne füehre.

Aber öppis sig angers gsi,
öppis heig sech veränderet.

Är, der Härzpatiänt,
wo vorhär gäng Vorurteil
gäge farbigi Lüt heig gha,
sig jetz mit däm nöie Härz

vom ne schwarze Spänder
fasch e nöie Mönsch worde.

Är, wo vorhär johrelang
alleini sig gsi,
heig sech i ne jungi,
farbigi Frou verliebt
und si sech i ihn.

Är heig aagfange
Jazz und Blues
und Soul lose,
was er früecher
nie hätt gmacht.

Är heig aafo tanzen und
heig sech plötzlech
für e Martin Luther King
und für e Malcolm X
und für söttigi Theme
aafo interessiere.

Churz gseit,
dä wiss Maa sig aues i auem
innerhaub vo relativ churzer Zit
fasch e richtige
Afroamerikaner worde,
ömu vom Härz här,
vor auem vom Härz.

Parfümerie

Denn han i ire Parfümerie
es Parfüm wöue go choufe,
aber i ha no nid grad gwüsst,
was für nes Parfüm.

«Darf i nech behüuflech si?»,
het d Verchöifere gfrogt.
Aber i ha «Nei merci» gseit,
i wöu afe no chli umeluege,
bi drum dä Typ vo Chund,
wo sofort i Stress chunnt,
wenn mi e Verchöifere
aafoht berote. Vor auem,
wenns um öppis
wi Parfüm geit,
won i ke grossi Ahnig ha.

Es isch mit em Parfüm
fasch wi mit em Wii.
Es git so ne Gheimsproch,
won i ke Zuegang ha derzue.
De muess me wüsse,
ob men ächt ender
a öppis Herbs hätt ddänkt
oder a öppis Liechts
mit dezänter Fruchtnote
und em ne Huuch Vanille

oder ob mes lieber füuig heig.

I weiss doch nid, was füuig isch
im Zämehang mit Parfüm!

Item, han i auso
zur Verchöifere gseit,
i luegi säuber.
Und de si dört ungloublech
vüu Fläschli gstange
und bi jedem Produkt
eis Fläschli zvorderscht,
wo «Tester» druff steit.

De han i mou überau
unverbindlech druf drückt,
chli vo däm Schmöckiwasser
uf di inneri Site
vom Arm gsprützt
und nächär gschmöckt,
wis mi dünkt.

Aber de isch es scho wieder
ganz ähnlech gsi,
wi bim Wii.

Wenn ig bim ne Wiihandu
go go deguschtiere,
han i normalerwiis

nach em sibete Wii aube
ke blasse Schimmer meh,
wi der erscht isch gsi.

Und jetz i dere Parfümerie
han i uf mim einten Arm
es totaus Dürenang gmacht,
so dass i längschtens nümm
hätt chönne säge,
wele Duft
dass jetz vo welem
vo dene Fläschli isch cho.

Es het eifach nume
immer meh gschmöckt,
aber i ha scho lang
ke Ahnig me gha
nach was,
ha nid gwüsst,
ob herb oder fruchtig
oder füuig und früsch
oder aues gliichzitig
und vor auem nid,
was vo wo.

«Dir chömet zschlag?»,
het jetz en angeri
Verchöifere gfrogt,
eini, wo sehr wahrschiinlech

gseh het,
wi verzwiiflet
dass i ungerdesse bi gsi.

«Danke», han i gseit,
bi no chli uf und ab
und nächär mou diskret
zum Laden us.

Es Parfüm han i nid gchouft,
und trotzdäm
han i di Parfümerie
öppe drü Tag lang
nümm zur Nasen us bbrocht.

Gloube

De sige zwöi Fründe,
uf ere Frankriichreis,
ir Stadt Lourdes
am Fuess vo de Pyrenäe
bi der heilige Grotte verbi.

Nid dass di beide Fründe
jetz grad wahnsinnig
glöibig wäre gsi,
aber si hei trotzdäm einisch
wöue go luege,
wie dass es dört usgseht,
wis zue und här geit
und was das
so für ne Sach isch
mit däm Lourdes,
mit dere Quöue,
mit dene Wunderheilige,
mit dere Bernadette
und dere Mueter Gottes.

Vor em Iigang vor Grotte
heigs mehreri offeni
Souvenirlädeli gha.
Dört heige si grad es Dotze
vo so Plastiggfigürli
vor Muetter Gottes gchouft.

Der eint vo de Fründe
heig drum denn gfunge,
das wär es originells Gschänk
für d Nochbere,
wo deheime grad
zur Chatz luege
oder ou für die,
wo d Blueme giesse.

Me chöng eifach obe
bi de Plastiggfigürli
di blaui Chronen abschruube
und de d Mueter-Gottes-Figürli
mit em Wasser
vor Heilige Quöue uffüue.

Ob är de
würklech ds Gfüeu heig,
dass das Wasser
vo dere Quöue
e bsungeri Chraft heig,
heig ne der anger gfrogt.

Worum nid?,
heig dise gseit.
Du muesch eifach dra gloube,
de isch aues möglech.

Am früeche Morge,
am Tag vor Heireis,
sig de der eint
abe zur Grotte
und heig sini Figürli
ar Quöue ufgfüut.

Der anger nid,
dä sig z fuu gsi,
zum zur Grotten abeloufe.
Är heig beschlosse,
sini Muetter-Gottes-Figürli
eifach am Wasserhane
vom Hotel ufzfüue.

Nächär sige si im Zug hei gfahre,
jede sächs dere Figürli bi sech.
Am einte sini
mit Lourdes-Wasser
vor heilige Quöue gfüut,
am angere sini
mit normalem Leitigswasser
vom Hotelzimmer.

Irgendeinisch heig dä,
wo denn z fuu isch gsi,
zum zur Grotten abeloufe,
aui zwöuf Figürli gno
und heig se blitzschnäu

dürenang gmischlet,
so dass me nächär
nümm heig chönne wüsse,
weli dass jetz
mit welem Wasser gfüut si.

He spinnsch eigetlech?
Was söu das jetz?
Worum machsch das?
Het ne der anger gfrogt.

Wöus ke Roue spüut!,
het druf dä gseit,
wo se dürenang het gmischlet.

Aber jetz,
jetz wüsse mer jo nümm,
weli das heiligs Wasser dinne hei
und weli nid.

Genau wäge däm
heig er se düreanggmischlet.

Du hesch jo säuber gseit,
me müess dra gloube.
Jetz, wo me nümm cha wüsse,
weles Wasser wo isch,
jetz muess men erscht rächt
aafo gloube.

Öppis derzwüsche

Wär angers isch
wird nid säuten abglehnt,
aber nid immer,
nid jedes Angers-Si
isch gliich bewärtet,
nid jedes Angers-Si
isch öppis Negativs.

Läng-Si zum Bischpüu,
das wird i de meischte Fäu
bewunderet wi ne Leischtig
oder wi nen Uszeichnig:

«Dir, excüse wenn i froge,
sit der über zwe Meter?
Sis zwe? Wie? Zwöi nuu zwöi?
Auso sogar über zwe!
Das gits jo nid!

Botz, botz, zwöi nuu zwöi!
I däm Fau äben über zwe Meter.

Hanspeter, Hanspeter,
är isch doch über zwe Meter,
du hesch gliich rächt gha,
mou, är isch über zwe Meter!

Dir schlööt dänk fasch
der Chopf am Türrahmen aa,
heit sicher scho mängisch,
der Chopf am ne Türrahme
oder are Lampen oder so,
he jo, bi dere Grössi,
und wi macheters mit em Bett?
Heiter es äxtra grosses Bett?
Und d Hemmli?
Di müesster dänk äxtra lo mache,
dass d Ärmu läng gnueg,
das chan i mer vorstöue.

Tatsächlech über zwe Meter!
Auso, dass es über zwe si,
das hätt i jetz gliich nid ddänkt,
me gseht nechs gar nid aa,
i meine, dass es meh aus zwe si,
das dänkt me gar nid unbedingt.

Spileter Basketbau?
Oder Handbau? Ou nid?
Dir wäret doch eine fürs Handbau,
bi dere Grössi, he mou, sicher,
oder äbe Basketbau
oder für i ds Goou, genau,
dir wäret eine für i ds Goou!»

Das sägen aui Lüt,
und aui Lüt
säges genau eso.

Aber umgekehrt
hätte mer no nie ghört,
dass öpper zu öpperem
wo uffäuig chliin isch,
gseit hätt:

«Dir, excüse wenn i froge,
sit der unger eis füffzg?
Sis würklech weniger aus eis füffzg?
Wie? Was? E Meter achtevierzg?
Auso sogar unger eis füffzg?
Das gits jo nid!

Botz, botz, numen eis achtevierzg!
I däm Fau doch unger eis füffzg,
Hanspeter, Hanspeter,
är isch keni angerhaub Meter,
du hesch gliich rächt gha,
mou, würklech,
är isch numen eis achtevierzg!

Dir möget dänk fasch nid
zur Huetablag ueche,
heit sicher scho mängisch
am nen Ort nid ueche möge,

bim ne Chuchischaft
oder bim ne Büechergstöu oder so,
he jo, klar, bi dere Grössi,
und wi macheters mit em Bett?
Heiter es äxtra churzes Bett?
Und d Hemmli?
Di müesster dänk äxtra lo mache,
dass d Ärmu churz gnueg,
das chan i mer vorstöue.

Tatsächlech unger angerhaub Meter,
auso dass es grad unger angerhaub si,
das hätt i jetz gliich nid ddänkt,
me gseht nechs gar nid aa,
i meine, dass es weniger aus angerhaub si,
das dänkt me gar nid unbedingt.

Spileter Minigouf?
Oder tüeter Bodeturne? Ou nid?
Dir wäret doch eine fürs Bodeturne,
bi dere Grössi, he mou, sicher,
oder äbe für ds Minigouf
oder zum Ponyrite, he mou,
dir wäret eine für i ds Ponyrite!»

Worum seit me nüt söttigs?
Vilecht wöu me d Lüt
in Rueh wott lo,
auso di chliine Lüt,

wöu di länge Lüt
lot me nid in Rueh.

Was isch ächt besser?

Jede Tag mehrmous gseit übercho,
wi gross dass men isch,
jeden einzu Tag
vo sim Erwachseneläbe
di genau gliiche Froge beantworte?

Oder jede Tag vom Erwachseneläbe
nüt ghöre zur eigete Grössi,
aber gliich ou merke,
dass men aagstarret wird?

Me chönnt jo sicher
scho mou drüber rede,
aber immer drüber rede
oder gar nie drüber rede
isch beides komisch.

Gits ächt für die,
wo nid derzwüsche si,
würklech nüt derzwüsche?

Ungerwägs

Kuba

Si sig jo z Kuba,
jo, genau, z Kuba,
z Kuba sig si gsi,
het si verzöut,
e jungi Frou ir Badi,
föifezwänzgi oder so,
z Kuba sig si gsi,
mit de Kolleginne
sig si uf Kuba gfloge,
zuefäuig ender,
wöu ihres Hotel z Ibiza
denn scho usbbuechet
und si doch unbedingt
uf nen Insle heige wöue,
heige si haut statt Ibiza
eifach mou Kuba bbuechet.

Z Kuba sig si gsi,
z Kuba sig si gsi,
z Kuba i de Ferie.

Me het dere Frou
vo witem zueglost
und het sech gfrogt,
was ächt aus no chunnt.

Me het ddänkt,
si säg jede Momänt,
dass d Lüt vo Kuba
wenig Freiheit,
aber vüu Musig heige,
armi Lüt dört z Kuba,
arm, aber fröhlech,
und immer i dene coole,
farbige, amerikanische
Oldtimer ungerwägs,
und dass i däm Kuba
ständig und überau
usgibig tanzet wärdi.

Z Kuba sig si gsi,
z Kuba sig si gsi,
z Kuba i de Ferie.

Aber nüt vo däm
het si verzöut,
si sige z Kuba gsi,
isch aues gsi,
wo si gseit het,
di ganzi Zit
fasch nume das.

Si sigen uf Kuba gfloge,
sig rächt e länge Flug,
und dass me sofort merki,

dass d Lüt arm sige,
würklech arm di meischte
i däm Kuba.

Z Kuba sig si gsi,
z Kuba sig si gsi,
z Kuba i de Ferie.

Mou, z Kuba sige si gsi,
si und d Kolleginnen und
me göng dört totau spät
i Usgang i däm Kuba,
erscht nach de zwöufe,
und drum heige si de
glii einisch beschlosse,
dass si nümm so früech
wöue go Znacht ässe.

Z Kuba sig si gsi,
z Kuba sig si gsi,
z Kuba i de Ferie.

Z Kuba heigs ke Sinn
am haubi sibni oder so
scho go Znacht z ässe,
wöu me jo nächär
gliich nid wüss,
was men i dere länge Zit

zwüsche Znacht und Usgang
no söu machen, und drum
sige si z Kuba nächär
nie meh vor den achte
go Znacht näh.

Z Kuba sig si gsi,
z Kuba sig si gsi,
z Kuba i de Ferie.

Kuba sig schön gsi,
armi Lüt, aber liebi,
es arms Land sigs scho,
das Kuba,
aber mit vüu Härz
und schönem Wätter
und tolle Stränd.

Nume schad äbe,
dass der Usgang
haut erscht so spät,
aber guet, auso,
wenn mes wüss,
de chöng me sech iirichte,
chöng me sech aapasse,
chöng men eifach spöter
go Znacht näh,
so dass eim di Zit

zwüschem Nachtässe
und em Usgang
nümm so lang vorchöm.

Z Kuba sig si gsi,
z Kuba sig si gsi,
z Kuba i de Ferie.

Step Step Step

D Marianne
het mer gseit,
für si sigs aues,
für si sigs jedes Mou,
für si sigs regumässig,
en ächti und e töifi,
e wunderbari Gränzerfahrig.

Loufe sig schöner aus Sex
und besser aus jedi Droge,
Loufe sig ou nid eigetlech
e Droge, nei, Loufe sig
wit meh aus das, Loufe sig
d Liebi säuber oder das,
was me sech süsch
unger Liebi
chöng vorstöue.

I chöng das wahrschiinlech
gar nid verstoh,
wär nid säuber
so vüu und so intensiv
seckli wi si,
wär sech nid säuber
immer wieder so hert zwingi,
wär nid säuber regumässig
so radikau i Schmärz ine göng,

chöng das vermuetlech
gar nie richtig nochevouzieh.

I ha d Marianne aagluegt,
ha nüt gseit und ha versuecht,
i das, wo si gseit het,
emotionau iiztouche.
I ha sen aagluegt und
mi hets denn dünkt,
d Marianne sig gäderig,
sehnig seit me gloub ou,
oder drohtig oder ou
athletisch, düretrainiert,
aber mi dünkts,
ds richtigschte Wort
isch äuä scho gäderig.

I meines nid wärtend,
gäderig isch wärtfrei gmeint.

D Marianne redt süsch
nid wahnsinnig vüu,
si lot meischtens lieber
di angere lo rede.
Aber gliichzitig verzöut si
gärn und vüu vo de Löif,
wo si scho gmacht het
und jedes Johr wieder macht:

der Frouelouf,
der Drüländer-Louf,
Sämpacherseelouf,
Murte-Fribourg
oder ou der Bieler,
auso der Hundertkilometer,
dä ganz bsungers,
wöu der Hunderter vo Bieu,
das sig für si der Höhepunkt
vo jedere Saison.

Di erschte Kilometer
sige mängisch müehsam,
verzöut d Marianne,
me müess zersch dri cho,
müess der Rhythmus finge,
aber plötzlech heig me ne,
sig men im Flow,
heig me ganz genau
di gsuechti Gliichmässigkeit
wi nes Metronom,
Step, Step, Step, Step,
Step, Step, Step, Step.

Und de göngs nume no
ums Iischnuufe, Usschnuufe,
iischnuufe, usschnuufe,
iischnuufe, usschnuufe,
Step, Step, Step, Step,

joo nie verchrampft,
und vor auem nid unrund,
immer locker,
immer locker,
immer gschmeidig,
immer gschmeidig,
Step, Step, Step, Step.

I dere Phase göngs drum,
d Kadänz um jede Priis
vou düre z zieh,
tictac tictac ticac tictac,
Step, Step, Step, Step,
eis, zwöi, drü, vier,
tictac tictac ticac tictac
wi nes Metronom.

Me müess unbedingt
so lang wi möglech
der ganz Fokus
uf em Schnuuf
und natürlech ou
uf der Bewegig ha,
nid verchrampfe,
flink und schnäu,
flink und schnäu,
flink und schnäu,
liecht und gschmeidig,

liecht und gschmeidig,
liecht und gschmeidig.

Das sig bi som ne Louf
e wunderschöne Momänt,
go, go, go, go,
Step, Step, Step, Step,
fasch im Gliichklang
mit em eigete Härzschlag,
es troumhafts Gfüeu,
e sidefiine Zuestang,
aber nei, der Ruusch
sigs no nid,
der Ruusch chöm spöter,
das dohie, das sig ender
wi nes Vorspüu,
wi ne Vorfröid,
en Emotion,
wo di ganzi Zit
genau i däm Rhythmus,
wo me vorhär het gha,
wieder aaföng schlo.
Step, Step, Step, Step,
tictac tictac,
go, go, go, go.

Klar, seit d Marianne,
bi de länge Löif
chiem einisch der Momänt,

wo me d Energie ufbbruucht,
wo men i d Übersüürig,
wo me nööch a Abgrund,
do chöng me no so vüu trainiere,
do chöng me no so druf achte,
dass me gäng zur rächte Zit
gnueg vom Richtige ggässe heig,
dass me gnueg gschlofe heig
vor em Louf
und gnueg trunke
während em Louf,
wenns do sig,
nütz aus nüt.

Einisch chiem der Momänt
vom töife Schmärz und de
sigs verbi mit der Liechtigkeit,
seit d Marianne,
sigs verbi mit der Lockerheit,
d Muskle föngen a brönne,
d Füess wärdi bleischwär,
sogar d Chnoche säuber,
wo men im Autag
gar nie a se dänkt,
föng men aa gspüüre,
me heig Schmärzen i de Schiinbei
und Schmärzen i de Wadebei,
Schmärzen i de Hüftglänk
und Schmärzen im Schädu.

Me chöng eifach nümm
gnueg Suurstoff ufnäh,
der Puus stig z höch ueche,
d Lunge föng aa rebelliere,
aber vor auem der Mage,
der Mage sig bi som ne Louf
fasch ds Heikuschte,
ds schwächschte Glied ir Chötti,
seit d Marianne,
me müess e Mittuwäg finge
zwüschen erbräche und spöie
und zwar während em Loufe,
so dass me joo nid
us em Takt gheii.

Und äbe,
was si wöu säge,
denn föng ds Interessante,
föng ds Ersträbenswärte
erscht richtig aa:
Me loufi i Schmärz ine
und me hör uf dänke
und me hör uf gspüüre
und me hör uf ghöre
und de louf me mit der Zit
dür dä Schmärz düre
wi dür nes längs Tunnäu,
eifach düre, dür e Schmärz,
und änedranne,

auso änen am Schmärz,
änen a däm Tunnäu
sig es grells Liecht,
wärdis häu und der Schmärz
tüeg sech verwandle
i öppis angers,
i öppis Schöns,
I öppis, wo eim guet tüeg
und wo scho totau
jensits sig vo däm,
wo men im normale Läbe
chöng erfahren und beschriibe.

Vo denn aa,
seit d Marianne,
sig aues nume no Ruusch,
en unheimleche Ruusch,
e wunderschöne Ruusch,
en intensive Ruusch,
en absolut unbeschriiblechi Art
vom ne Ruusch.

Me sig dört nümm bi sich,
me versuech zwar no,
däm innere Metronom z fouge,
sech am ne Rhythmus
z ungerwärfe,
d Form z wahre
wi ne Dichter,

wo sech für ne ganz bestimmti
Form entschide heig
und di Form um jede Priis
wöu dürezieh,
dä Takt, won er gwäuht heig
möglechscht guet
und möglechscht lang
wöu biiphaute,
oder wi ne Musiker,
wo der Beat unger e Song zieng
und a däm Beat feschthauti,
am immergliiche Beat,
a genau däm Beat,
wo der Musiker
vilecht lang gsuecht heig
und jetz nümm wöu verlüüre.

Trotz der Übersüürig,
trotz de Schmärze,
trotz der Erschöpfig,
löng me der Rhythmus
ou bi dere Schmärzphase
eifach nie lo go,
seit d Marianne,
wöu sech nume
im richtige Rhythmus
der Ruusch,
wöu sech erscht
mit em Rhythmus

ds Ruuschhafte
chöng entfaute.

Und me loufi witer,
seit d Marianne,
immer witer,
immer witer,
immer tictac, tictac,
immer Step, Step, Step, Step,
und me gsäch,
wi linggs und rächts
d Konkurräntinnen aafönge
a ihrne Chräft zwiifle,
wi si us em Takt gheii,
der Ruusch nid chönge häbe,
der Ruusch nid chönge mitnäh.

Aber wenn der Ruusch
im hertischte Momänt
vo som ne Louf
nid überwäutigend sig,
wenn der Ruusch nid
aues angere chöng zuedecke,
de bring me der Wüue nid uf,
zum vou dürezieh,
seit d Marianne.

Ohni Ruusch göngs nid,
seit d Marianne

ohni Ruusch gäb me zersch
sich säuber
und nächer meischtens
ou no grad ds Rennen uuf.

Nume grad der Ruusch,
ganz genau dä Ruusch
sig d Erklärig derfür,
dass si bim Loufe
der Schmärz aanähm,
im sichere Wüsse,
dass der Ruusch,
wo müess cho
und wo ou chiem,
se mehrfach kompensieri,
für aues wo si müess liide,
bum, bum, bum, bum,
eis, zwöi, drü, vier,
tictac, tictac,
tictac, tictac,
Step, Step, Step, Step,
Step, Step, Step, Step.

I bi dä Bueb

I bi dä Bueb,
wo nid ma loufe,
wo nid ma wandere,
wo nid ma springe,
wo wott treit wärde,
der ganz Wäg nume
treit wott wärde.

I bi dä Bueb,
wo vo Aafang aa frogt
wi lang dass es no geit,
wi wit dass mer no müesse,
worum dass es ke Pouse,
wieso dass mer nid ds Outo,
wäg was dass mer nid der Zug
oder ds Tram oder der Bus
hei gno.

Öpper söu mi näh.
Öpper söu mi träge.
I ma nümm, mini Bei
si gloub bbrochen oder so.

Heieiei, s isch wäg de Bei!
Mini Bei wei wieder hei.
Mini Bei si weich wi Brei.
Sit dir vor Wanderpolizei?

I wott nid über Stock und Stei,
nei, sicher nid, mit dene Bei,
cha nüt derfür, wenn d Bei nid wei,
do blib i lieber ganz allei
deheim mit dene müede Bei.

Das isch e Chinderquälerei,
di ständig gliichi Stouperei,
das wott i nümm, drum säg i nei,
i ha ke Chraft meh i de Bei.

I bi dä Bueb,
wos nümm ma ghöre,
wo würklech nümm
wott gseit übercho,
es sig nid so wit,
me sig glii dört,
nume no
um di Kurve,
nume no
bis zur Brügg,
nume no
ganz weni wit,
i föif Minute,
sige mer ganz sicher
scho fasch dörte.

Nei, höret uf!

I bi der Bueb,
wo ganz fescht wott
verruckt chönne wärde,
wenn ne niemer treit,
wenn nen au zäme
wei locken und überrede
und so Züg säge wi:
Es geit würklech nümm wit,
jetz riss di no chli zäme,
lueg, di angere Ching,
di chöi ou loufe.
Und wenn mer dobe si,
gits e Glacé.

Heieiei, s isch wäg de Bei!
Mini Bei wei wieder hei.
Mini Bei si weich wi Brei.
Sit dir vor Wanderpolizei?
I wott nid über Stock und Stei,
nei, sicher nid, mit dene Bei,
cha nüt derfür, wenn d Bei nid wei,
do blib i lieber ganz allei
deheim mit dene müede Bei.

Dir heit haut äuä starchi Bei,
mir isch das grad chli einerlei,
i mache nech es Riesegschrei,
wenn mini Bei ke Pouse hei.

I bi dä Bueb,
wo süsch nid fuu isch,
dä wo gärn schaffet und gärn
im Stau hüuft und im Garte,
und ir Wärchstatt und überau,
nume loufe tuen i nid gärn,
loufe geit eifach nid,
das sötten aui ändlech
chönne begriiffe,
isch doch nid so schwär.

Heieiei, s isch wäg de Bei!
Mini Bei wei wieder hei.
Mini Bei si weich wi Brei.
Sit dir vor Wanderpolizei?
I wott nid über Stock und Stei,
nei, sicher nid, mit dene Bei,
cha nüt derfür, wenn d Bei nid wei,
do blib i lieber ganz allei
deheim mit dene müede Bei.

Es isch weiss Gott ke Häxerei,
di Sach z verstoh, für die wo wei,
do hüuft haut ou ke Haberbrei,
do bisch im Seich, wenn d Bei nid wei.

I bi der Bueb, wo zimlech lang
und rächt lut cha schreie
und derzue a Boden abelige

und mit de Füess zable
und sägen es sig mer verleidet
und i miech jetz ke Schritt meh.
Genau dä Bueb bin ig
und wenn ders weit wüsse,
es isch wäg de Bei!

Der Wouf

Ououou e Wouf,
ououou, ououou,
lueg emou,
lueg doch ou,
lueg do, lueg,
do isch e Fotti
vom ne junge Wouf.

Mou, momou,
das isch e Wouf
oder ender
fasch es Wöufli,
jo, es Wöufli isch es.

Wosch es luege,
ds Wöufli im Waud,
ds Wöufli im Loub,
wosch ds Wöufli luege?
De chumms cho luege.

So ne Fotti
gsehsch säute,
das isch e Fottifaue-Fotti,
verschteisch?
E Fottifaue
het d Fotti gmacht,
im ne Waud z Oberdorf,

grad ungerhaub
vom Wissestei,
mou, uf au Fäu,
e versteckti Fottifaue
het der jung Wouf
fotografiert,
won er äuä hei isch gloufe.
Ds Wöufli het wöue hei go.

Was? Wo? Wieso?
Isch es wohr?
Isch es würklech e Wouf?
Wo, wo isch der Wouf?
Wo, wo, wo genau,
wo isch der Wouf?

Do, do isch der Wouf!
Wosch ne luege?
Wosch der Wouf luege?
De chumm cho luege!
Es isch e Wouf
und zwar e Wouf
i vouem Louf.

Du muesch do luege,
d Fottifaue het nen ufgno,
d Fottifaue het der Wouf
im Waud fotografiert.

Worum isch de der Wouf
i däm Waud dört?

Isch es am Wouf
wouh im Waud?
Wohnt der Wouf
gärn i däm Waud dört?
Isch das nid gfährlech,
e Wouf im Waud?
I meine für d Mönsche.

Was gfährlech, wohär ou!
Dä Wouf isch nid gfährlech,
dä Wouf isch no jung,
dä Wouf isch no nes Wöufli!

Aber säg worum,
worum isch de der Wouf
jetz do ir Zitig cho?

Äbe, wöu der Wouf
z Oberdorf im ne Waud
vore Fottifaue fotografiert
isch worde.
Öpper het di Fottifaue
grichtet gha.
De isch der jung Wouf
eifach düre Waud gloufe

und Botz, Blätz, Blitz,
hets e Fotti ggä.

Wär het de das wöue,
wär het de wöue,
dass das Wöufli
fotografiert wird?

Wieso wosch eigetlech
gäng aus so genau wüsse?
I weiss doch nid wär!
Wahrschiinlech wärdes
Wöufeler si, Wüsseschafter,
Woufsforscher, Wüudhüeter,
Umwäutschützer
oder was weiss ig was,
wo das hei wöue.

Und de chunnt der Wouf
wäge däm grad ir Zitig?

Wäg was genau
chönnt i der nid säge,
aber jedefaus isch er dinne,
isch er ir Zitig cho,
der jung Wouf,
der Wouf vom Fuess
vom Wissestei,

heieiei,
vom Wissestei,
vom Wissestei.

Feschte Begriff

Der Zug isch denn
zmitts ir Landschaft usse
eifach blibe stoh.

Zersch het niemer öppis gseit,
aber nach ere gwüsse Zit
si di erschte Passagier
langsam ungeduudig worde.

«Wahrschiinlech wieder
so ne Personenunfau»,
het ei Frou
zu dere gägenüber gseit
und es dünksen afe,
das chöm immer hüüfiger vor.

Es sig genau eso,
het uf das abe
di angeri gseit.

Eis Mou heigis jo
im Ungerengadin
sogar e Personenunfau
mit em ne Bär ggä.

«Was? Das hesch du
gar nid mitübercho?

Momou, dä Bär,
dä sig zwüsche Zernez
und S-chanf
über d Isebahnbrügg,
drum heig er de
nid chönnen uswiiche,
wo der Zug isch cho.»

«Tatsächlech,
das han i gar nid gwüsst!»,
het di angeri gseit.
«Das isch jo furchtbar!
Aber wenns e Bär isch gsi,
de isch es ke Personenunfau.»

«Me seit däm eifach
Personenunfau!»,
het disi Frou gseit.

«Aber doch nid bim ne Bär!
Bim ne Bär,
do chasch jetz sicher nid
vom ne Personenunfau rede!»

«Momou, Personenunfau,
das isch e feschte Begriff,
das seit men ou bim ne Bär»,
het jetz di angeri bhouptet.

«Wenn me zum Bischpüu
einisch im nen Outo
het chönne mitfahre,
seit me jo ou mängisch
me heig chönne mitrite,
obwouh dass üsi Outo
sit über hundert Johr
nüt meh mit Ross z tüe hei.
Im nen Outo mitrite,
das isch e feschte Begriff,
genau wi Personenunfau.»

Aber e Bär sig doch e Bär,
het di angeri wieder aagfange.
Und si fing das furchtbar,
dass me für so öppis Tragisches
so ne neutrale Begriff bruuchi.

Der Zug isch no gäng gstange,
wo men us em Lutspräcter
di beruhigendi Stimm
vom Zugfüehrer het ghört:

«Wegen Abwartens
eines verspäteten Kreuzungszuges
erhält nun auch unser Zug
einige Minuten Verspätung.»

«Ghörsch jetz,
es isch doch ke Personenunfau,
zum guete Glück!»,
het jetz di einti Frou gseit.

«Das han i scho ddänkt»,
het di angeri gseit,
«i dere Gägend
hets jo schliesslech
ou kener Bäre!»

Tunnäu

Mir si ungerwägs i d Ferie gsi,
si i nes Tunnäu inegfahre,
irgendwo im Bünderland,
und der Bueb
het vom Hingersitz us
wieder aafo froge:

«Papa säg, säg, bitte säg,
si mer jetz im ne Bärg?»

«Jo, genau, im ne Bärg,
mir si im ne Bärg,
jetz si mer wieder
im ne Bärg.»

«Papa, es isch fiischter,
i ha nid gärn fiischter.
Säg isch es es Tunnäu?
Si mer im ne Tunnäu?»

«Jo genau, ganz genau,
du weisch es jo säuber,
es isch es Tunnäu,
mir si im ne Tunnäu,
immer denn,
wenn mer im ne Bärg si,
isch es es Tunnäu.»

«Papa, i ha nid gärn Tunnäu,
i ha nid gärn fiischter.
Hets i jedem Bärg es Tunnäu?»

«Nei, nei, nid i jedem Bärg,
Tunnäu hets nid immer.
Es het se numen i dene Bärge,
wo genau dörte stöh,
wo me wott dürefahre.»

«Hets de i dene Bärge,
wo nöimen angers stöh,
i dene, wo nöime stöh,
wo niemer wott dürefahre,
hets i dene Bärge
kes Tunnäu?»

«Ganz genau,
i dene Bärge,
wo nöimen angers stöh,
i dene Bärge,
wo nöime stöh,
wo niemer düre muess,
hets kes Tunnäu!»

Es si immer wieder
di gliiche Froge gsi,
Froge, wo sech der Bueb
sicher scho lang

säuber chönnt beantworte
und won er trotzdäm
immer wieder stöut,
vilecht zum sicher si,
dass das, won er weiss,
immer no güutig isch,
dass sis chliine Wüsse
e solidi Basis het.

Aber nächär
isch er unvermittlet,
wi fasch jedes Mou,
plötzlech vom Praktische
i ds Philosophische cho:

«Chunnt men eigetlech
us jedem Tunnäu
wieder use, Papa?»

«Sicher, klar, sowieso,
worum frogsch?»

«Me chönnt jo einisch,
i meine nume,
me chönnt jo vilecht,
eifach nümm use cho,
weisch i meine,
wenns ke Usgang hätt.»

«Jedes Tunnäu
het en Usgang!»

«Aber wenns mou kene het?
Was isch,
wenns ke Usgang het?
Wenn mer nümm usechöme?
Was wär de denn?
Papa, säg doch, was wär,
wenn men eifach
für immer im Tunnäu,
nie meh us em Tunnäu.
Di ganzi Zit im Tunnäu,
wöus ke Usgang
us em Tunnäu,
wöu kes Liecht chiem
und die, wo ds Tunnäu
einisch hei bbout,
hätte vilecht vergässe
en Usgang z mache,
Papa, i wott das nid!»

Und ds Tunnäu
isch scho lang fertig gsi,
und d Sunne
het aues häu gmacht,
aber der Bueb
isch i sim eigete Tunnäu
gfange bblibe,

isch i sim Tunnäu
bblibe stecke.

«Chunnt men eigetlech
us jedem Tunnäu
wieder use, Papa?
Het würklech jedes Tunnäu
en Usgang?»,

het er immer wieder,
immer wieder,
immer wieder,
immer wieder,
immer wieder,
und är isch eifach
nümm usecho,
nümm usecho,
nümm usecho,
nümm use…

Pedro Lenz
Zärtlechi Zunge
ISBN 978-3-03853-206-4
© 2024 Der gesunde Menschenversand
GmbH, Luzern
Alle Rechte vorbehalten
www.menschenversand.ch

Lektorat: Daniel Rothenbühler
Gestaltung: hofmann.to
Druck: Jelgavas, Lettland

Der gesunde Menschenversand wird vom Bundesamt
für Kultur für die Jahre 2021 – 2024 unterstützt.

Pedro Lenz
Geboren 1965, lebt als freier Autor und Kolumnist in Olten. Mitglied des Spoken-Word-Ensembles «Bern ist überall». Zahlreiche Buch-/CD-Veröffentlichungen und Bühnenprogramme. Sein Bestseller-Roman «Der Goalie bin ig» wurde mit mehreren Preisen ausgezeichnet, als Theaterstück aufgeführt, diente als Vorlage zum gleichnamigen, preisgekrönten Spielfilm und erschien bisher in zwölf Übersetzungen. Letzte Veröffentlichung: «Längiziti» (Cosmos Verlag).
www.pedrolenz.ch

Pedro Lenz im Menschenversand
Hert am Sound. Sprechtexte (2017)
Radio. Morgengeschichten (2014)
Der Goalie bin ig. Hörbuch (2011)
Der Goalie bin ig. Roman (2010)
Angeri näh Ruschgift. Hörbuch (2007)
I wott nüt gseit ha. Hörbuch (2004)
Ausserdem zahlreiche Hörbücher zusammen mit «Bern ist überall» und «Die Schwalbenkönige»